AF440118

Conócete a ti mismo
Reflexiones para vivir mejor

María Rosa Ibarra

EDIQUID

Conócete a ti mismo
Reflexiones para vivir mejor
© María Rosa Ibarra

Editado por: Corporación Ígneo S.A.C.
para su sello editorial Ediquid
Av. Arequipa 185 1380, Urb. Santa Beatriz. Lima, Perú
Primera edición, abril, 2022

ISBN: 978-612-5042-96-5
Impresión bajo demanda

Hecho el Depósito Legal en la Biblioteca Nacional del Perú N° 2022-03113
Se terminó de imprimir en abril de 2022 en:
ALEPH IMPRESIONES SRL
Jr. Risso Nro. 580 Lince, Lima

www.grupoigneo.com
Correo electrónico: contacto@grupoigneo.com
Facebook: Grupo Ígneo | Twitter: @editorialigneo | Instagram: @grupoigneo

Diseño de portada: Sabrina Leguísamo
Corrección: Juan De Gouveia
Diagramación: Gerardo Hernández B.

Colección: Integrales

Contenido

Agradecimientos

En todos estos años fui ensayando diferentes formas de acercar la filosofía a los jóvenes. Con la experiencia comprendí que ya hay muchas personas que se han dedicado a enseñar las ideas de los grandes filósofos y lo han hecho de manera excelente. Sin embargo, quizás en estos tiempos que vivimos necesitamos tomar esas ideas y obtener la máxima sabiduría de ellas. Partiendo de lo que otros pensaron, debemos poder pensar nosotros nuestras vidas.

Así que un día, casi sin darme cuenta, comencé a llevar a mis clases ideas necesarias para vivir mejor. Comencé a enseñar la filosofía como una herramienta de autoconocimiento para pensarse cada uno a sí mismo. Y entendí que este era mi camino, que era por ahí por dónde tenía que transitar.

Esto no lo hubiera entendido sin los jóvenes con los que compartí la experiencia de filosofar en las aulas. Ellos me permitieron la experiencia filosófica: el diálogo abierto y sincero, la reflexión profunda de la vida, la sabiduría siempre buscada.

Agradezco a todos quienes, de alguna manera, me devolvieron en hechos o palabras lo que pudieron hallar dentro de sí buscando a través de la experiencia filosófica.

*Para Rocío, el sol que iluminó mi
forma de ver la vida.*

*Para Rosita, a quien agradezco por
acompañarme en una parte del camino y
por tomar mi mano.*

*Lo que escribo viene de un lugar
que me atrapa y me encanta.
Lo que escribo se inspira en lo que admiro.
Lo que admiro es la vida.*

Los que me enseñaron
a apreciar la vida

Los que me enseñaron a apreciar la vida y esforzarme por vivirla lo mejor posible fueron aquellos pensadores cuyas ideas cobraron sentido en mí, como un motor que me impulsó a transformar mi realidad. Transformarla de adentro hacia afuera. Desde el examen de la propia vida para encontrarle su más profundo sentido. Solo así puede uno vivir significativamente.

Los que me enseñaron a apreciar la vida, me enseñaron también a encontrar y entender su sentido, a vivirla en plenitud, a esforzarme por vivirla lo mejor posible.

Este libro está enfocado en la actitud de filosofar, en todo lo que nos aporta esta habilidad. No es un libro de filosofía en sí, no enseña sobre filósofos. Nos acerca al sentido de filosofar y a reflexionar filosóficamente nuestra existencia.

Pensar nuestra existencia solo requiere valor y tiempo.

¿Te atreves a pensar?

Introducción

«¡Conócete a ti mismo!» es un mandato que proviene de la sabiduría de los antiguos filósofos. Lo afirmó Sócrates y lo convirtió en una forma de vivir filosóficamente. Este mandato es quizás el más importante de los que debemos llevar a cabo en nuestra existencia, pues responde a la necesidad de conectarnos con nuestro más profundo ser, con nuestra esencia.

Pero ¿por qué razón debemos seguir este mandato? Porque necesitamos estar más y mejor conectados con nosotros mismos, así como con todos los demás. Dicho de forma sencilla, las personas necesitamos mejorar nuestros vínculos. No obstante, esto no será posible si no conectamos mejor con nosotros mismos primero.

La gente necesita mejorar su vida. Todos queremos vivir mejor. Queremos progresar, desarrollarnos como personas, crecer, salir adelante en la vida y ser felices. ¿Quién no querría ser feliz?

El problema es qué estamos haciendo para lograrlo. Debemos preguntarnos qué estamos haciendo con nuestras vidas.

Vivimos en una realidad en la que las personas progresan en el sentido material pero parece que les falta mejorar en un sentido más profundo en sus vidas. Les cuesta ser felices, estar bien con sus vidas, estar en paz consigo mismos.

Es por ello que ese mandato, «¡Conócete a ti mismo!», de los antiguos filósofos, nos invita a conectar con nosotros mismos para encontrarnos con nuestro ser y llegar a descubrir qué es lo que necesitamos para vivir mejor nuestras vidas.

Te propongo dialogar sobre ciertas ideas clave y convertirlas en herramientas para que cada uno de nosotros pueda pensarse a sí mismo. Te invito a compartir una experiencia filosófica.

Este trabajo, y los temas que abordaré aquí, forman parte de un proceso propio de pensamiento y búsqueda personal. Un proceso de introspección, un camino que yo misma he recorrido y que ahora he decidido compartir para ayudar a otros a pensarse y encontrarse también.

Aquí no hay recetas, ni consejos, ni pasos a seguir; lo que ofrezco son claves para comenzar un camino de reflexión propio y de crecimiento personal.

¿Por dónde comenzar este recorrido? Siempre he creído que es mejor empezar por el principio. Entonces, quiero comenzar dándote la bienvenida a este espacio de reflexión. Un lugar de diálogo entre nosotros, entre tú y yo.

En estas páginas te invito a pensar juntos algunas claves para afrontar la vida con más claridad y optimismo. Con certeza tú, al igual que yo, deseas vivir mejor tu vida, sentirte en plenitud.

Quizás ya lo hayas logrado y entonces, al leer estas páginas, te encontrarás reflexionando sobre el camino que has recorrido para llegar hasta aquí. Puede que estés sintiendo que aún no logras vivir la vida que quieres, quizás no te sientes en plenitud todavía. Tal vez sientes que te invade una extraña sensación de insatisfacción o de hastío, un no sé qué incomodando en tu interior. Es posible que estés sintiendo una necesidad de cambio y de transformación. O que estés necesitando encontrarte con tu ser, encontrarte a ti mismo.

Si te sientes identificado con algo de esto me alegra que estés aquí, para que pensemos juntos algunas ideas y pensamientos que nos iluminen en la búsqueda de las respuestas que necesitamos hallar.

Detendremos el reloj, cerraremos la agenda y olvidaremos el celular por un momento, para dedicar algo de tiempo a reflexionar cómo nos estamos conduciendo por la vida. Cómo nos estamos sintiendo con la vida que tenemos. Y, sobre todo, cómo nos estamos sintiendo cuando estamos a solas con nosotros mismos.

Te invito a dialogar conmigo. Puedes prepararte un té o un café, ponte cómodo y relájate para pensar en calma. Voy a invitarte a pensarte a ti mismo a través de ejercicios; busca lápiz y papel, los necesitarás.

Experimentarás las ideas que pensaremos juntos, las pondrás en práctica para cambiar y transformar aquello que necesites. Porque solo tú debes dirigir tu vida, solo tú puedes saber lo que hay en ti. Tú tienes el poder de transformarte de adentro hacia afuera. Tú eres capaz de cambiar tu mundo.

¿Estás listo o lista para conocerte a ti mismo, para tomar el rumbo de tu vida y para vivir mejor?

¡Acompáñame!

Viviendo en modo filosófico

Si me preguntas qué es para mí la filosofía, te responderé que es una herramienta. Una herramienta de autoconocimiento que me conecta con lo más profundo de mi ser para escucharme a mí misma pensando cómo quiero vivir mi vida.

¿Qué significa esto de vivir en modo filosófico? ¿Por qué y para qué vivir así? ¿Cuál es el sentido de ejercer una mirada crítica sobre nosotros mismos? Me he dedicado, por varios años, a la enseñanza de la filosofía y en varias oportunidades algún estudiante me ha preguntado: «Profe, ¿usted vive filosofando?» Confieso que esta pregunta quedó resonando en mí largo tiempo, además de sacarme una sonrisa. Y yo respondo, por supuesto que sí. Yo vivo filosofando, reflexionando de forma crítica, pero no soy la única porque te aseguro que tú también lo haces.

Elegí la filosofía como profesión, pero esta siempre tuvo mucho que ver conmigo. Desde niña soy una pensadora. Me gustaba llevar siempre un cuaderno o un diario donde poder expresar mi sentir, mis emociones y vivencias, pero sobre todo donde poder reflexionar.

Fui una pensadora solitaria porque la soledad es el encuentro con uno mismo; es estar a solas con nuestros pensamientos para poder escuchar nuestra voz interior. Así que aprovechaba cualquier ocasión para escribir.

Cuando viajaba me inspiraba en las carreteras, donde la naturaleza me conectaba con la calma necesaria para escuchar mis pensamientos.

Luego, con el paso del tiempo, me dediqué a la filosofía como profesión y desde ese lugar dejé, en parte, de ser una pensadora solitaria para comenzar a pensar con otros a partir del diálogo.

No me identifiqué, eso sí, con la idea de enseñar a pensar, porque esto significaba que alguien no sabía pensar y por esta razón otro debía enseñarle. Me gustaba más la idea de pensar con otros, de escuchar, de dar y recibir ideas, desde un lugar más humilde donde el diálogo es de igual a igual. Fue así que, entre miles de adolescentes y jóvenes que conocí, me fui enriqueciendo de ideas nuevas, de ideas frescas, de formas de ver la vida.

Sentí que las ideas de los filósofos se fueron llenando de vivencias y formas profundas de sentir. Y, de ese modo, con calma y sin prisa, comprendí qué sentido tenía para mí el acto de filosofar como reflexión crítica sobre nuestra vida y sobre nosotros mismos.

Comprender el sentido profundo de lo que se hace es vital. No puedo concebir nada en mi vida sin entender su sentido, su razón de ser.

Si me preguntas qué es para mí la filosofía, te responderé que es una herramienta. Una herramienta de autoconocimiento que me conecta con lo más profundo de mi ser para escucharme a mí misma pensando cómo quiero vivir mi vida.

Una herramienta para reflexionar sobre cómo vivir mejor con lo que sé, cómo sacar el mejor provecho de las experiencias vividas y de todo lo aprendido. Una herramienta para cultivarme y crecer como persona.

Pero como no puedo vivir ni ser feliz sola, porque somos siempre con otros, necesito comunicarme mejor. Entonces, filosofar se puede apreciar como una herramienta para el diálogo. Dialogar de forma libre y abierta, de igual a igual. Aprender a intercambiar ideas desde, y en, el respeto mutuo, en la tolerancia, en el acuerdo y en el desacuerdo, en la empatía.

En definitiva, aprender a comunicarnos mejor y desarrollar nuestras habilidades para el diálogo. Algo que nos va a acompañar cada vez que queramos hablar con nuestros padres, con nuestros hijos, con la pareja, con los amigos. Porque cuando somos capaces de dialogar de forma auténtica y verdadera, todos salimos enriquecidos y nadie se va como llegó. Todos dejamos esa conversación llevándonos algo nuevo, ya sea una palabra, un consejo, una duda, algo en qué pensar, lo que sea que ahora tengo y antes me hacía falta.

Pues bien, si me preguntas para qué te puede servir a ti aprender a filosofar, a reflexionar de forma crítica, te responderé que para descubrir quién eres y ser tú mismo. Para ser libre, porque nada nos hace más libres que el pensamiento propio. Para conocerte de un modo como nunca nadie lo ha hecho. Para desarrollarte como una persona capaz de elegir quién quiere ser y cómo quiere vivir su vida.

Y también para fortalecer tus vínculos con los demás. Para que siendo tú mismo, un ser individual y único, estés al mismo tiempo unido a otros seres, construyendo una vida feliz y en plenitud.

Si todas estas razones te parecen tan interesantes como valiosas, te invito a acompañarme por estas páginas. Con humildad espero que puedan dejar algo en tu sentir y en tu pensar, algo que te movilice a continuar por ti mismo tu propio viaje.

Los pensadores que conocí

Filosofar está en nuestra esencia como seres pensantes que somos. No podemos evitar reflexionar sobre nuestras vidas, nos resulta imprescindible pensarnos a nosotros mismos. Si decides darle un lugar en tu vida, de modo consciente, se convertirá en la herramienta que te ayudará a encontrarte contigo mismo y definir tu camino.

Con el paso del tiempo, en mi carrera y en mi formación, conocí a muchos filósofos a través de la lectura. De todos ellos, los que me resultaron más valiosos fueron aquellos de los que pude obtener una enseñanza que de algún modo se conectó con mi sentir, dejándome una huella, y que luego puse en práctica en mi forma de vivir.

Ellos me ofrecieron reflexiones que luego me ayudaron a pensar por mí misma. Por esa razón los elegí para llevarlos a mis clases y acercarlos a tantos jóvenes, para que también pudieran ayudarlos a ellos a pensarse a sí mismos.

Estos grandes filósofos me hicieron reflexionar sobre muchos temas, algunos de ellos resultaron muy valiosos para mí. El valor de la amistad; qué significa ser feliz; qué es amar; cómo conocerme a mí misma; cómo dialogar con los demás; cómo escuchar; en qué consiste ser libre; cómo pensar libremente; cómo afrontar mis miedos y manejar mis emociones.

Algunas de estas reflexiones son las que aquí compartiré contigo, siendo mi intención acercarte a ellas.

Porque, pensándolo bien, el acto de filosofar está en todo, está en todos y por todas partes. Si observas con detenimiento, filosofamos cuando nos preguntamos para qué estamos acá, por qué hacemos lo que hacemos, por qué tenemos cierta actitud, por qué nos sentimos tristes, qué nos hace felices, cómo llegamos hasta acá y ahora cómo continuar el viaje, por qué no alcanzamos nuestras metas, cómo cambiamos nuestra realidad. Filosofar está en nuestra esencia como seres pensantes que somos. No podemos evitar reflexionar sobre nuestras vidas, nos resulta imprescindible pensarnos a nosotros mismos. Y ahí está la filosofía. No está atrapada en libros, ni en academias, ni en discursos difíciles de entender; ella está en la vida que tenemos, en nuestra capacidad reflexiva. En cada momento en el que detienes tu marcha por un instante y te preguntas «¿Cómo llegué hasta aquí y ahora cómo continúo mi viaje?».

Si decides darle un lugar en tu vida, de modo consciente, se convertirá en la herramienta que te ayudará a encontrarte contigo mismo y definir tu camino.

Este libro lo defino como un libro de reflexiones, mi libro de reflexiones. Espero que sea inspiración para escribir las tuyas y se convierta en tu herramienta para trabajar en tu propio sentir, en tu pensar.

¡Conócete a ti mismo!
Una mirada hacia adentro

¡Conócete a ti mismo! En este camino de autoconocimiento tendremos que escuchar nuestra voz interior. Cuando tu mente esté en calma podrás oír. Habrá mucho ruido pero, ¡no lo olvides!, la respuesta a la interrogante de quienes somos viene de adentro.

A lo largo de nuestra vida transitamos distintos procesos de maduración, crecimiento y desarrollo personal. En este tránsito afrontamos circunstancias que nos ponen en contacto con deseos propios, manifestados como propósitos o metas que nos trazamos, y con necesidades que aparecen como cambios o transformaciones que atravesamos.

Tarde o temprano, y mejor si es temprano, sentiremos una necesidad profunda de encontrarnos con nosotros mismos, descubrir quiénes somos verdaderamente y hallar la esencia de nuestro ser. Porque en el fondo lo que más anhelamos es sentirnos bien con quienes somos, examinar nuestra vida para saber cómo nos estamos conduciendo por ella, si lo estamos haciendo bien o mal, es decir, qué clase de persona somos.

Este examen de nuestra vida, y en definitiva de nosotros mismos, es un desafío que debemos afrontar por nuestra cuenta, con valor y coraje. Es un recorrido propio, es un ir hacia adentro. Una mirada de profunda introspección que deja de buscar en el afuera para redirigirse hacia el interior.

Cuando tenemos un problema, una dificultad o una inquietud, es común buscar afuera. Recurrimos a quienes conocemos para buscar nuestras respuestas. Cuando somos niños buscamos que papá o mamá nos digan qué está bien y que está mal, que nos feliciten cuando hacemos las cosas bien o que nos regañen por nuestros errores. Buscamos saber qué piensan de nosotros, cómo nos ven, qué esperan de nosotros, qué es lo que se supone que debemos hacer e incluso cómo deberíamos ser.

Pero ahora que somos grandes, hemos madurado y nuestra identidad se ha fortalecido, nos vamos desarrollando como las personas que somos: únicas, irrepetibles e independientes. Ya no debería preocuparnos tanto la mirada externa, la mirada de los otros, porque nos resulta vital entender cómo es nuestra propia mirada sobre el yo. ¿Y yo qué pienso sobre mí? ¿Cómo creo que soy? Nada de esto resulta fácil. El camino del autoconocimiento es largo y difícil. Mas vale la pena, no quedan dudas.

Una de las dificultades que podemos tener es la de hacernos cargo de todo aquello con lo que nos podemos encontrar. Porque de seguro nos toparemos con aspectos de nuestro ser que nos gusten y otros que nos disgusten. Debemos ser responsables por la persona que somos, con nuestras virtudes y defectos.

Para sentirnos bien con nosotros mismos es necesario conocernos a profundidad. Nuestras fortalezas y debilidades, necesidades y deseos, sentimientos y formas de pensar; conocernos en todo aquello que nos hace buena persona o en aquello que nos vuelve miserables.

Cuanto más logremos saber acerca de nuestro ser entonces podremos sentirnos mejor con nosotros mismos, como personas auténticas, comprometidas con sus historias y su porvenir, y en paz con su propio ser.

No lograremos sentirnos a gusto con nosotros mismos mientras busquemos nuestro ser a través de la mirada del otro. Cuando seamos capaces de entender que es más importante saber quiénes somos a través de nuestra propia mirada, solo entonces comenzaremos a creer más en nosotros mismos, a vivir nuestra vida de acuerdo a quienes somos y a respetarnos como personas.

Llegar a ser auténticos y encontrarnos dependerá de si somos o no capaces de afrontar las preguntas más esenciales de nuestra existencia. ¿Quiénes somos?, ¿qué camino queremos transitar?, ¿qué es lo que queremos para nuestra vida?, ¿qué es lo que necesitamos para tener bienestar? Son preguntas tan esenciales que dependiendo de qué tan claro tengamos las respuestas podremos ser más o menos felices. Pero estas respuestas no se pueden buscar en ningún lado más que dentro de nosotros mismos porque sus respuestas tienen que ver con nuestra experiencia vital, subjetiva e inigualable. Por lo que necesitamos pensar qué queremos de verdad para nuestra vida y tendremos que creer en nosotros, así como en lo que podamos hallar a través de nuestra propia búsqueda.

Este camino de autoconocimiento nos convierte en buscadores incansables de sentido, personas que buscan el por qué y el para qué de su existencia; que aceptan el desafío que significa vivir; que están dispuestas a crecer y desarrollarse; que aprovechan la incertidumbre que los hace tambalear para repensarse; que se fortalecen ante cada dificultad; que viven en plenitud y felicidad.

Nadie sabe más de ti que tú mismo. Solo tú puedes saber lo que necesitas para estar bien. Como diseñador de tu propia historia debes ser tú quien determine lo que te hace bien y quien decida alejarse de lo que te hace mal.

Cada uno de nosotros logrará ser una persona autónoma y vivir auténticamente en la medida en que considere como muy valiosa la mirada propia sobre sí mismo, como la más importante a tener en cuenta. Vivir de acuerdo al propio pensar, hacernos cargo de nuestras elecciones, actuar en consonancia a nuestros criterios e ideales propios, escuchar nuestro sentir, responsabilizarnos por quienes somos.

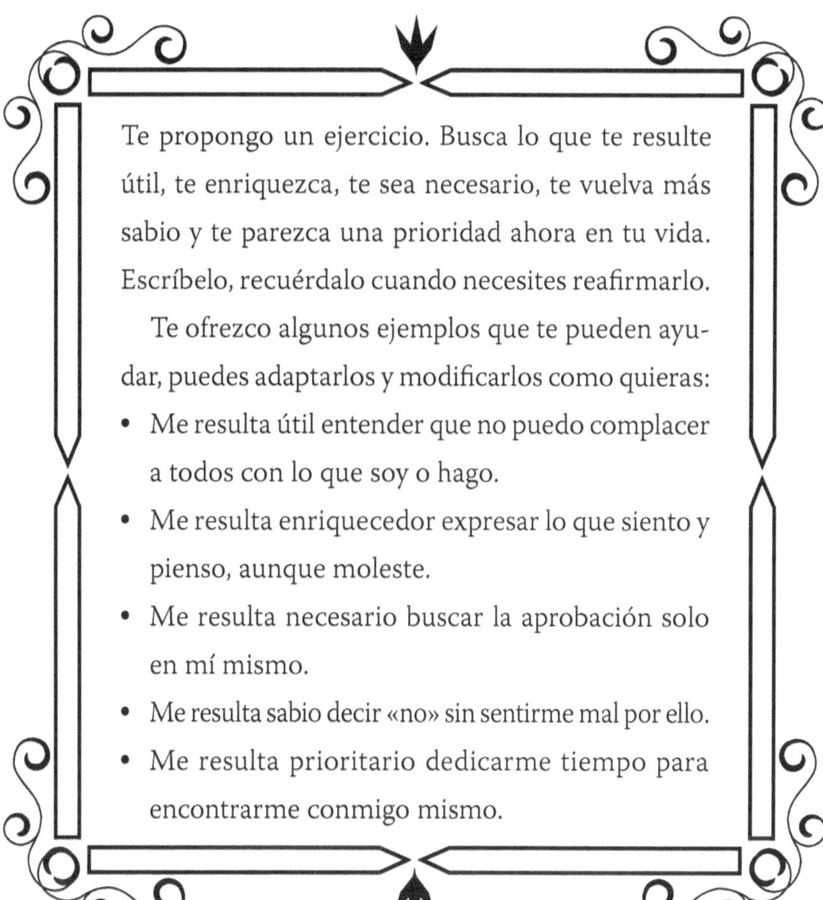

Te propongo un ejercicio. Busca lo que te resulte útil, te enriquezca, te sea necesario, te vuelva más sabio y te parezca una prioridad ahora en tu vida. Escríbelo, recuérdalo cuando necesites reafirmarlo.

Te ofrezco algunos ejemplos que te pueden ayudar, puedes adaptarlos y modificarlos como quieras:

- Me resulta útil entender que no puedo complacer a todos con lo que soy o hago.
- Me resulta enriquecedor expresar lo que siento y pienso, aunque moleste.
- Me resulta necesario buscar la aprobación solo en mí mismo.
- Me resulta sabio decir «no» sin sentirme mal por ello.
- Me resulta prioritario dedicarme tiempo para encontrarme conmigo mismo.

Poder reconocer nuestras necesidades y prioridades, nuestro querer, nuestras metas y proyectos, nuestros sueños, nuestros afectos y nuestras emociones, nos pone en el camino de conocernos mejor a nosotros mismos. Un camino donde nos vamos encontrando, en un proceso en absoluto personal, de individualización, en el cual nos construimos y constituimos como seres únicos.

Es importante saber que necesitamos entender la prioridad de este examen de nosotros mismos, de este recorrido de introspección para nuestra vida. No debemos postergarlo. Descubrir y comprender nuestra esencia es algo que no puede esperar.

Nos tomará tiempo, tiempo para pensar y reflexionar. Y hay algo que debes saber: la mejor respuesta que puedes hallar estará en ti. En tu experiencia vivida; en la sabiduría que seas capaz de desarrollar; en tu crecimiento y maduración; en tu inteligencia y sensibilidad.

Sentirás que te conoces cada vez más, que eres cada día un poquito más fuerte y más sabio cuando en vez de buscar culpables ante un problema, busques posibles soluciones. Cuando logres ver en los obstáculos y las dificultades oportunidades para crecer y para cambiar; cuando dejes de considerar los juicios que los otros dirigen hacia tu persona; cuando logres estar en calma, en paz contigo mismo.

¡Conócete a ti mismo! En este camino de autoconocimiento tendremos que escuchar nuestra voz interior. Cuando tu mente esté en calma podrás oír. Habrá mucho ruido pero, ¡no lo olvides!, la respuesta a la interrogante de quienes somos viene de adentro.

No puedo concebir la vida de otra manera que no sea viviendo en libertad y plenitud. Siempre habrá que lidiar con miradas externas, juzgando y desaprobando nuestras vidas. Te diré algo al respecto, algo que aprendí en mi camino: no vale la pena invertir nuestra energía en eso. En su lugar, nos enfocamos en nosotros mismos, en construir lo que de verdad necesitamos para ser felices. Sin perder de vista nuestro propósito fundamental, averiguar quiénes somos en nuestra esencia. Mientras estemos distraídos, mirando siempre hacia afuera y hacia los demás, sabremos poco y nada de nosotros mismos. Hay que dirigir la mirada hacia adentro para descubrirse. Ser auténtico y encontrarte a ti mismo para no perderte jamás.

La amistad con uno mismo

Si estoy bien conmigo mismo, soy mi propio refugio. La tarea empieza por mí mismo, es una tarea que no puedo delegar pues me pertenece y no puedo postergarla más. Me urge preparar el camino que me lleva a mi bienestar.

Estar bien conmigo mismo requiere confiar y valorar mi ser.

Si hablamos de encontrarnos con nosotros mismos, quizás sea pertinente preguntarnos cómo es nuestra conexión con nosotros mismos. ¿Cómo nos tratamos? Porque para vivir en plenitud necesitamos estar bien con nosotros y con los demás.

Para conectar con los demás primero hay que conectar con uno mismo. Si estoy bien conmigo mismo, soy mi propio refugio. Jamás podré estar bien con nadie si no estoy bien conmigo. La tarea empieza por mí mismo, es una tarea que no puedo delegar pues me pertenece y no puedo postergarla más. Me urge preparar el camino que me lleva a mi bienestar.

Estar bien conmigo mismo requiere confiar y valorar mi ser. Necesitamos confiar en quienes somos, valorarnos y respetarnos.

Una forma de fortalecer nuestra confianza, valoración y respeto propio es delimitando nuestra persona. Determinar un *espacio personal* que establezca mis propios límites, como un *escudo protector* del bienestar. Esta herramienta es lo que nos permite separar nuestra persona de las demás, nuestra vida de otras vidas. A través de esta me alejo de lo que me hace mal, protegiendo mi bienestar y paz interior.

Este escudo protector nos ayuda a vivir mejor. Además de protegernos, no permitimos que nadie invada nuestra vida. Para establecerlo debemos reflexionar sobre cómo son nuestros vínculos con los demás, cómo los tratamos y cómo somos tratados. Esta reflexión nos ayudará a establecer lazos saludables de respeto mutuo. Las relaciones interpersonales más sanas son aquellas en las que no solo estás bien con alguien sino también, y en esencia, contigo mismo. Sin embargo, no podrás reconocer cuáles son tus propios límites sin conocerte, sin reconocer tus deseos, necesidades, pensamientos y sentimientos.

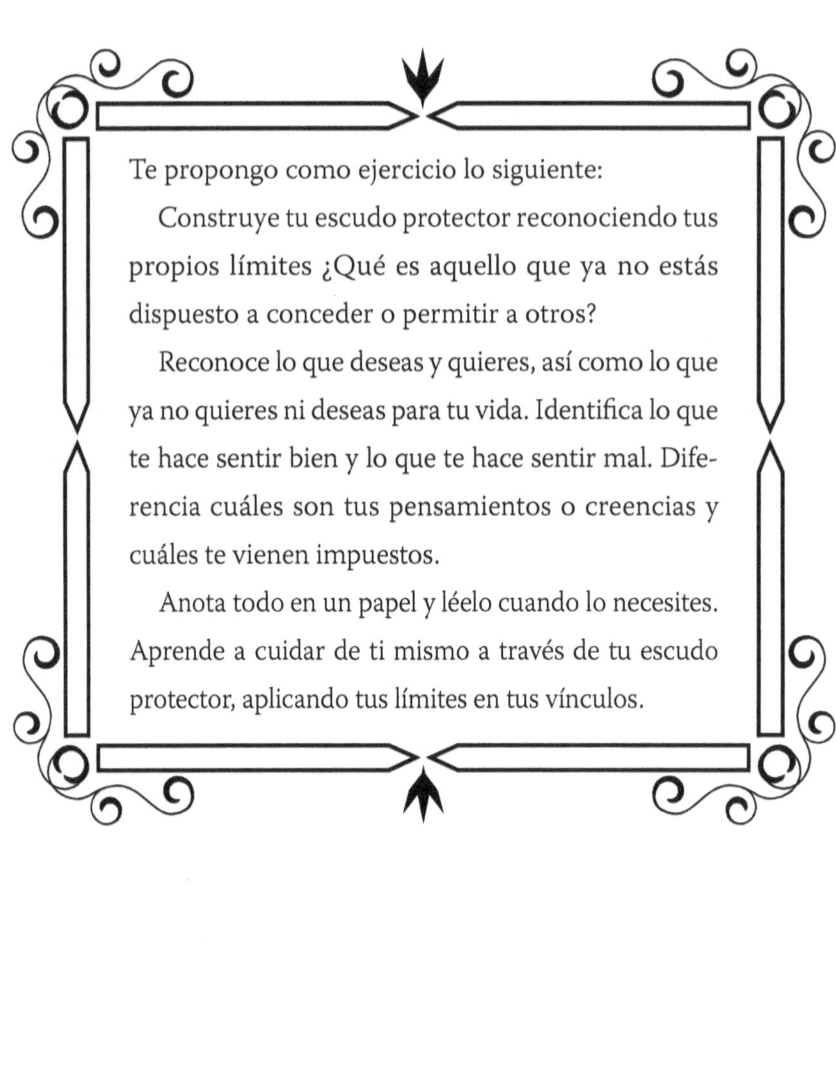

Te propongo como ejercicio lo siguiente:

Construye tu escudo protector reconociendo tus propios límites ¿Qué es aquello que ya no estás dispuesto a conceder o permitir a otros?

Reconoce lo que deseas y quieres, así como lo que ya no quieres ni deseas para tu vida. Identifica lo que te hace sentir bien y lo que te hace sentir mal. Diferencia cuáles son tus pensamientos o creencias y cuáles te vienen impuestos.

Anota todo en un papel y léelo cuando lo necesites. Aprende a cuidar de ti mismo a través de tu escudo protector, aplicando tus límites en tus vínculos.

Ahora bien, ¿cómo te tratas a ti mismo?, ¿cómo te relacionas con tu propio ser? A diario las personas hacemos valoraciones de todo. Juzgamos como bueno o malo todo a nuestro alrededor e incluso a nosotros mismos. Nos encontramos emitiendo críticas, positivas o negativas, sobre aquello que nos rodea, sobre nuestra propia realidad y nuestra persona. Nos enseñaron que la autocrítica es muy valiosa si queremos crecer, salir adelante y superarnos en la vida. Que si queremos llegar más lejos nos tenemos que esforzar más y exigirnos al máximo; la autocrítica y la exigencia son nuestros aliados para crecer y desarrollarnos.

No obstante, una autocrítica o exigencia desmedida puede volverse en contra y relacionarnos de forma negativa con nosotros mismos. Cuando las cosas no salen de acuerdo a nuestras expectativas nos volvemos hostiles y demasiado críticos hacia nuestra persona. Comenzamos a emitir duros juicios cuestionando nuestra suficiencia, el merecimiento de lo que anhelamos, nuestras capacidades e incluso el esfuerzo que hacemos por las cosas. Con estas críticas dirigidas sin piedad no hacemos más que dañarnos y destruir nuestra confianza, valoración y respeto propio.

Por esta razón es necesario reflexionar sobre cómo nos tratamos. Todos nos equivocamos, todos fallamos, todos fracasamos en el camino hacia nuestras metas. Lo importante no son nuestros errores o fracasos sino la capacidad de aprender de ellos, de enmendarlos para superarnos. Al final, cada uno puede hallar, dentro de sí, la determinación para ir tras sus metas y el valor para seguir intentando cuando las cosas no salen como esperábamos.

Brilla quien da lo mejor de sí mismo, dirigiéndose con determinación y perseverancia hacia sus propios fines. Con la confianza de poder llegar, aunque no todo salga como se esperaba. Comprender estas claves en la relación con nosotros mismos nos ayudará a apoyarnos en el camino, a sobrellevarlo mucho mejor, a acompañarnos.

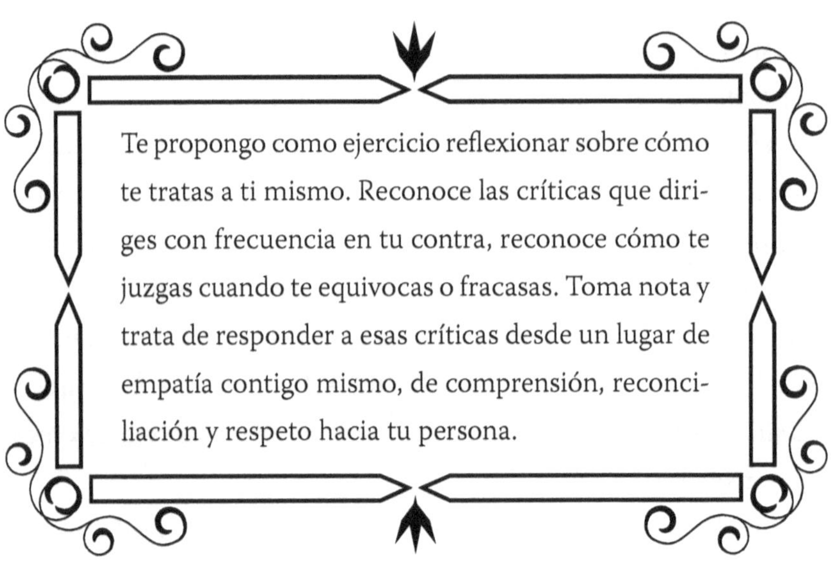

Te propongo como ejercicio reflexionar sobre cómo te tratas a ti mismo. Reconoce las críticas que diriges con frecuencia en tu contra, reconoce cómo te juzgas cuando te equivocas o fracasas. Toma nota y trata de responder a esas críticas desde un lugar de empatía contigo mismo, de comprensión, reconciliación y respeto hacia tu persona.

Conectar con la vida

Solo se vive consciente, se vive presente. En modo automático no se vive, no se es. Entonces necesitamos parar un momento para pensar nuestro modo de vivir. ¿Cómo hacemos para vivir más presentes, más conectados con la vida?

Nuestro estilo de vida actual se podría definir a partir de la palabra entusiasmo. Así vamos hacia el futuro a toda prisa, con una agenda repleta de actividades. No paramos de hacer cosas, no paramos de querer cosas. Corriendo tras nuestros deseos para sentirnos satisfechos. Ya casi sin tiempo para estar presentes. Casi sin recordar lo que era estar en calma, tranquilos.

Perdimos el sentido de la conexión, de lo que significa estar presente. Ya no recordamos lo que era vivir sin prisa, disfrutando de lo lindo de estar en paz. Hemos adoptado una forma de vivir que se centra en el hacer, en la productividad, pero se olvida de ser y de estar. Se olvida de vivir.

Te pregunto algo, ¿últimamente te has detenido a contemplar algo a tu alrededor? Quizás intuitivamente me respondas que sí, que observas lo que te rodea. No es eso lo que quiero saber. En realidad, me refiero a detenernos a admirar, asombrarnos y, con curiosidad, querer descubrir algo nuevo, diferente, desconocido. Me refiero a ver algo donde antes no veías nada.

Viviendo a toda prisa, inmersos en el hacer, no estamos presentes, nos desconectamos de la vida. Parecemos autómatas. Vamos por la vida como en piloto automático, cumpliendo con nuestra agenda de actividades y obligaciones. Nos sentimos muy satisfechos por cómo somos de exigentes, responsables y exitosos, llevando una vida impecable llena de logros y deseos complacidos. No obstante, al detenernos en este pensamiento nos damos cuenta de que solo se vive siendo conscientes, se vive estando presentes. En modo automático no se vive, no se es.

Entonces necesitamos parar un momento para pensarnos en nuestro modo de vivir. ¿Cómo hacemos para vivir más presentes, más conectados con la vida?

No tenemos otra solución más que trabajar en nuestra capacidad de hacer consciente nuestra forma de vida; tomar conciencia de cómo estamos viviendo, cómo hacemos lo que hacemos y para qué lo hacemos. No nos queda más que asumir la responsabilidad de nuestro presente para ejercer nuestra libertad con el fin de hacer los cambios que nuestra vida necesita en este momento.

Llegó la hora de comprometernos con nuestra vida porque queremos vivir plenos y felices, no queremos ver pasar la vida a toda velocidad sin poder alcanzarla.

No podemos vivir en modo automatizado sin que haya consecuencias. No tendremos forma de evitar el desequilibrio en nuestra vida. La permanente insatisfacción; el deterioro de nuestra salud física y emocional; de nuestros vínculos. No hay modo de ser felices así. Esa insatisfacción constante no nos permite disfrutar ni apreciar lo que ya hay en nuestra vida para ser felices.

Para desarrollarnos como personas que viven presentes y conscientes necesitamos detenernos, contemplar y contemplarnos. Atender de verdad a nuestra vida, prestar atención a nuestros hábitos. Examinar qué hay en nuestra vida, qué de todo lo que hay nos hace bien y qué nos daña.

¿Cómo afrontamos las situaciones, cómo administramos nuestro tiempo? ¿De qué nos sirve hacer tantas cosas si al final no estamos realmente presentes en ninguna de ellas? ¿De qué nos sirve si no estamos dando lo mejor de nosotros? ¿De qué nos sirve tener tanto si no estamos para disfrutarlo? Cuando estamos presentes, estamos siendo: vivimos de verdad. Mucho de la vida pasa inadvertido porque no estamos ahí.

Confieso que me encantan esos momentos de plena conciencia de mi ser, esos donde soy sin desear nada, sin añorar nada, sin esperar nada. Donde solo soy, disfrutando del instante presente, por completo en el ahora.

Desarrollarnos como personas, encontrarnos a nosotros mismos, descubrirnos y ser, es una de las tareas más difíciles de nuestra existencia humana. El mundo vive distrayéndonos de nosotros mismos y nos cuesta, confesémoslo, poco y nada distraernos. Nuestra mirada parece secuestrada hacia el afuera y hacia los demás.

Podemos optar por observar con celos las cosechas de los demás o trabajar en nuestros propios cultivos, mirando hacia adentro, en un camino de introspección. En el mundo de hoy muchos permanecen atentos a las cosechas de los otros y al mirarse a sí mismos se descubren en malos sentimientos por todo lo que los otros logran en sus vidas, por su crecimiento personal. Pero no se han preguntado por qué, no se han detenido a pensarse a sí mismos.

Si no cultivas, nada cosecharás. Alégrate por las cosechas de los demás, pero no descuides tus cultivos. Vuelve a concentrarte en lo tuyo. No pierdas de vista tus propios fines, tus propósitos, tu razón de ser. Deja de observar a los demás para observarte a ti mismo.

Está en ti la clave para tu desarrollo como persona, tu eres el responsable de tu crecimiento. Tu vida y tu ser te requieren al cien por ciento. Tu vida te exige que seas tú, que sepas lo que quieres y lo que no, que seas consciente en todo lo que haces, que estés plenamente presente, que vivas con sentido.

Observándote a ti mismo descubrirás qué camino quieres tomar, construirás tus proyectos, encontrarás el sentido de tu existencia, sabrás a dónde te diriges, por qué y dónde quieres estar, con quién. Observándote podrás ser tú mismo.

No renuncies a ejercer tu libertad para vivir tu vida, no renuncies a ser tú. No desistas de desarrollar todo lo que hay en ti. No renuncies a crecer como la persona que quieres ser.

Una vez que logres conectar con tu ser, y puedas estar más presente, verás que no te atormentarás por aquello que ya pasó y que no puedes cambiar. Tampoco te angustiarás tanto anticipándote a todo lo que podrá ser o no ser. Vivirás en el ahora, agradeciendo lo que es y proyectando desde aquí mismo aquello que puedes llegar a ser.

Todos nosotros tenemos que trabajar en ese ser ahora. Estar conectados con el presente y nuestras vidas, valorando nuestros logros, proyectándonos de acuerdo a nuestras posibilidades. Paso a paso. Es un camino de aprendizaje donde necesitamos agradecer más y desarrollarnos con una actitud positiva para vencer la insatisfacción y la infelicidad de quien hace, pero no es.

Reconfórtate porque estarás siendo y porque estarás soltando. Y que bien se siente ser. ¡Qué bien se siente soltar!

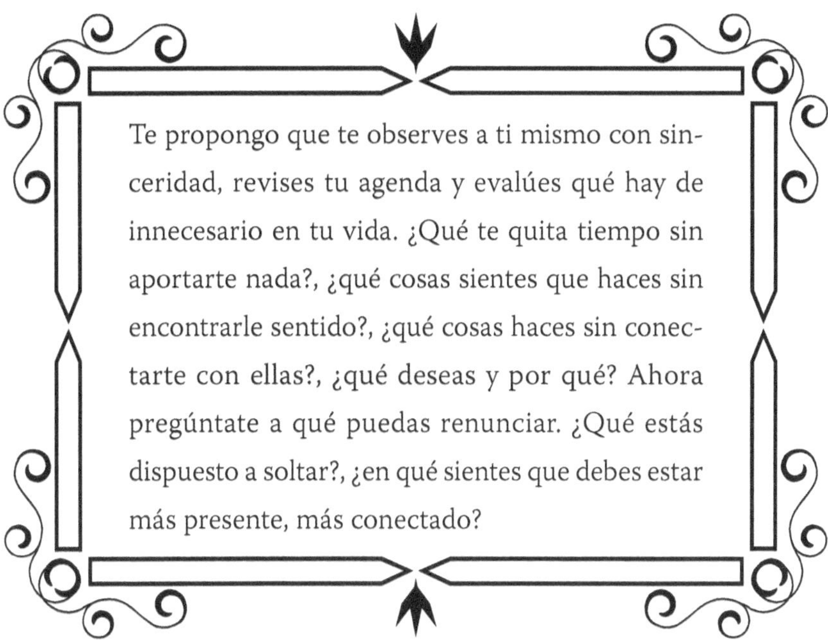

Te propongo que te observes a ti mismo con sinceridad, revises tu agenda y evalúes qué hay de innecesario en tu vida. ¿Qué te quita tiempo sin aportarte nada?, ¿qué cosas sientes que haces sin encontrarle sentido?, ¿qué cosas haces sin conectarte con ellas?, ¿qué deseas y por qué? Ahora pregúntate a qué puedas renunciar. ¿Qué estás dispuesto a soltar?, ¿en qué sientes que debes estar más presente, más conectado?

La vida es cambio y transformación

La vida cambia de colores, pero ¿cómo percibo yo esos colores? Sucede que todo lo que hay a nuestro alrededor es. Las cosas ocurren. Todo es o está. Por otro lado, estoy yo y mi apreciación de todo. Mi forma peculiar de ver las cosas y de interpretarlas. Sucede que todo depende de cómo se mira y no todos vemos lo mismo. Nadie puede ver como ves tú. Vivimos en un mundo de percepciones.

La vida es cambio. Fluye en un movimiento que no se detiene. Nunca se sabe lo que el viento traerá. Todo lo que hemos vivido estos últimos tiempos en el mundo trajo cambios que nos abofetearon, cambiando la vida que conocíamos. De igual manera, también trajo cosas nuevas, cosas que no conocíamos y cosas que no sabíamos que necesitábamos.

Nos resulta muy difícil comprender el devenir de todo. Nos resistimos con vehemencia al movimiento de las cosas, queremos que todo sea como era; que las cosas sigan siendo como antes; que permanezcan siempre igual; que no cambien. O, quizás, que todo sea como nosotros queremos. Nos resistimos a comprender que la vida muta y es en esa resistencia caprichosa que desgastamos nuestra energía: nos enojamos, nos frustramos, nos angustiamos.

Yo te pregunto, ¿tiene sentido desgastarte en esa resistencia?, ¿tiene sentido seguir creyendo que todo tiene que ser como queremos que sea? Al reflexionarlo nos damos cuenta de que hay cosas a las que debemos renunciar, otras a las que nos tenemos que adaptar y otras tantas que solo hay que aceptar; y, si lo pensamos a profundidad, también nos damos cuenta de que es en nosotros mismos en donde podemos hacer cambios. Es dentro de nosotros que podemos empezar a cambiar. Podemos empezar por cambiar nuestra actitud, por comprender mejor como son las cosas, por aceptar los cambios que llegan a nuestra vida y dar lugar a esos nuevos vientos. ¿Por qué no?

Ser con la realidad tal como ella es, cambiante. Si todo fluye debemos fluir con todo. La vida está en constante cambio y no tiene sentido encapricharnos luchando en contra de eso porque perdemos. Perdemos la capacidad de disfrutar de lo que hay, de recibir lo nuevo, de sorprendernos frente a lo inesperado, de respirar aire fresco. En esa lucha también se pierde nuestra capacidad de crecer como persona, quedándonos detenidos en el mismo lugar sin poder avanzar. Luchando porque queremos que todo sea como disponemos sin dar un paso más. No aceptamos lo que hay ahora, no disfrutamos, no agradecemos, solo renegamos contra todo.

Al reflexionar y contemplar puedo comprender mejor lo que hay a mi alrededor. Hay una vida en movimiento que cambia, crece, evoluciona. Se transforma. Puedes elegir cambiar con ella o desgastarte, sin sentido, luchando en su contra.

Con certeza te estás preguntando «¿Cómo logro comprender esto?» Una de las claves es empezar a cuestionar esa idea tan arraigada que tenemos de poder con todo y de tener el control de todo. Esta creencia genera sufrimiento pues nos lleva a pensar que podemos lograr todo lo que deseamos, que podemos controlar lo que pasa, que tenemos el control de la vida, que todo será tal como lo queremos. La realidad es que no es así, sencillamente no podemos.

Aprender a aceptarlo y soltar esa creencia es un alivio. Es como si subieras por una colina empinada luchando contra el viento, el frío, la subida, llevando una mochila pesada a tus espaldas; hasta que de repente te das cuenta de que en la mochila no llevas nada que valga la pena seguir sosteniendo y la dejas a un lado, te percatas de que puedes esperar a que calme el viento y que puedes detenerte a descansar porque ya no das más; y entonces sientes un gran alivio reconfortante. Es el alivio de soltar aquello contra lo que luchamos en vano, sin ningún sentido. Hay luchas que valen la pena, pero, en cambio, hay otras que solo nos desgastan y nos amargan la vida.

La vida cambia de colores, pero ¿cómo percibo yo esos colores? Sucede que todo lo que hay a nuestro alrededor es. Las cosas ocurren. Todo es o está. Por otro lado, estoy yo y mi apreciación de todo. Mi forma peculiar de ver las cosas y de interpretarlas. Sucede que todo depende de cómo se mira y no todos vemos lo mismo. Nadie puede ver como ves tú. Vivimos en un mundo de percepciones.

Nuestra forma de percibir e interpretar la realidad de lo que nos rodea depende en gran medida de nuestro sistema de creencias, ese que hemos formado a lo largo de nuestra vida con nuestras experiencias y aprendizajes. Cuando nuestras creencias se vuelven demasiado rígidas no nos permiten tener apertura a todo lo nuevo que se nos presenta. Las creencias rígidas limitan nuestra forma de ver todo lo que hay.

Cada creencia rígida se convierte en una creencia limitante. Cada creencia limitante se parece a un ladrillo; un ladrillo se coloca junto a otro y juntos son cientos, son miles, y así vas construyendo una pared.

¿Sabes qué pasa con esa pared? Está delante de ti, entonces eso significa que ya no puedes ver con claridad. Esa pared limitó tu capacidad de ver. Tu visión ya no es tan amplia como era o como pensabas que era. Ahora tienes una visión limitada de las cosas y algunas no puedes aceptarlas desde tu punto de vista. Te vuelves más intolerante a los cambios y a que las cosas no sean como a ti te parece.

La vida no puede verse desde sistemas rígidos de creencias, porque la vida requiere adaptarnos a lo nuevo. Si la realidad muta, nuestra forma de verla e interpretarla no puede permanecer inmutable.

¿Cómo vemos todo a nuestro alrededor?, ¿cómo nos vemos a nosotros mismos? Nuestras creencias son muy poderosas, de ellas depende nuestra apreciación de la realidad y de nosotros mismos. Aprender a flexibilizarlas nos ofrecerá un modo diferente de ver la vida, de interpretar todo lo que acontece.

Conocer y revisar nuestro sistema de creencias nos permitirá ser y estar de un modo diferente en el mundo, ir por la vida con otro andar. No podemos quedar encadenados a nuestras creencias, percepciones u opiniones, tenemos que ser capaces de entender cuándo debemos ser más flexibles en lo que creemos, percibimos u opinamos, para adaptarnos mejor a lo que cambia; para tolerar que las cosas no siempre son como queremos.

¿Qué pasa cuando somos nosotros mismos quienes estamos sintiendo esa necesidad de cambio en nuestro interior? Quizás en este momento no te encuentres luchando contra los cambios, sino que sientas dentro de ti una extraña necesidad de movimiento, de transformación. Ese momento en el que nos encontramos dejando ir cosas como si estuviéramos haciendo lugar para algo nuevo que llegará.

Al encontrarnos en este punto del camino estamos en un proceso de aprendizaje, de crecimiento personal. Aprendiendo a reconocer todo aquello que ya no queremos en nuestra vida. Aprendiendo a reconocer lo que queremos y pensando, con honestidad, en lo que estamos dispuestos a cambiar. Todos tenemos el poder para cambiar. La experiencia de cambio requiere soltar lo viejo y abrirse a lo nuevo.

Este aprendizaje exige encontrarnos con nosotros mismos, dialogando con sinceridad, reconociendo nuestro sentir y flexibilizando nuestro pensar, para poder identificar lo que necesitamos cambiar. ¿Tienes tiempo para una charla contigo mismo?, ¿puedes escucharte a ti mismo expresar lo que necesitas? La vida siempre nos ofrece las oportunidades para aprender. ¿Estás listo para recibir esas oportunidades?

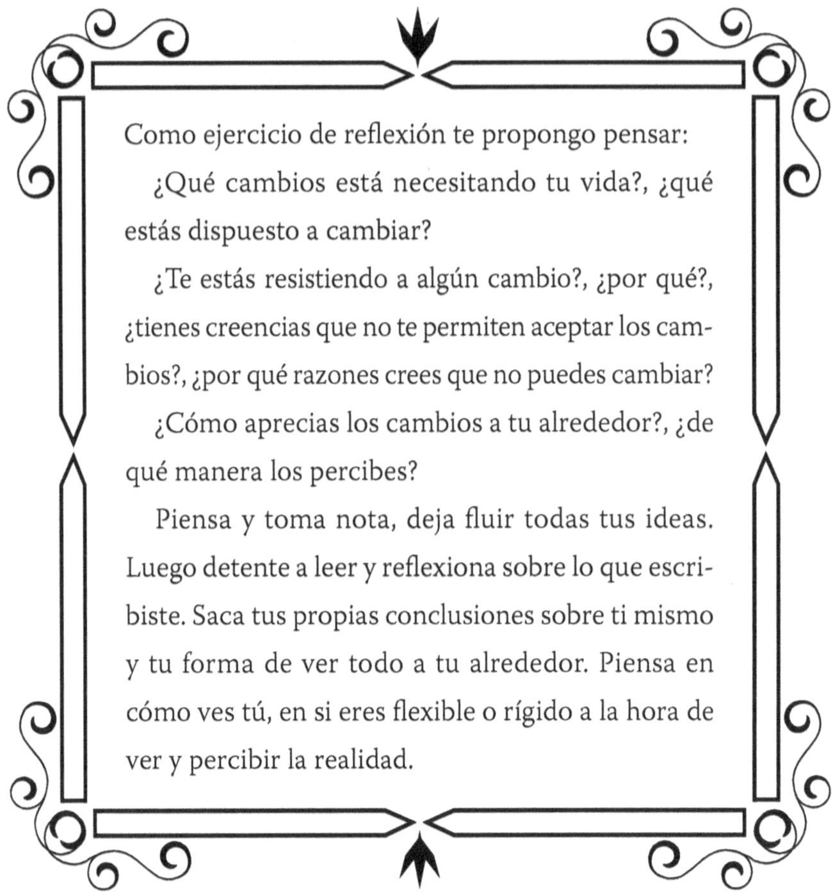

Como ejercicio de reflexión te propongo pensar:

¿Qué cambios está necesitando tu vida?, ¿qué estás dispuesto a cambiar?

¿Te estás resistiendo a algún cambio?, ¿por qué?, ¿tienes creencias que no te permiten aceptar los cambios?, ¿por qué razones crees que no puedes cambiar?

¿Cómo aprecias los cambios a tu alrededor?, ¿de qué manera los percibes?

Piensa y toma nota, deja fluir todas tus ideas. Luego detente a leer y reflexiona sobre lo que escribiste. Saca tus propias conclusiones sobre ti mismo y tu forma de ver todo a tu alrededor. Piensa en cómo ves tú, en si eres flexible o rígido a la hora de ver y percibir la realidad.

Dialogar para conectar

No siempre tenemos que tener la razón, ni la tenemos de hecho. A veces hay que reconocer que otros tienen razón también; o que nadie la tiene; o que todos la tienen a su manera. Es que tener la razón no es tan importante como estar bien conectado emocionalmente.

No tiene caso aferrarnos a tratar de convencer a todos de nuestro punto de vista. Debemos estar en paz con nosotros mismos y con los demás.

Hablemos de la comunicación, del diálogo. En primer lugar, pongamos bajo la lupa de la reflexión crítica el diálogo con los otros, la comunicación interpersonal. ¿Cómo somos en el diálogo con otras personas?, ¿tenemos la capacidad de expresar nuestras opiniones y creencias sin lastimar el vínculo con los demás?, ¿tenemos realmente la habilidad para expresar nuestro pensar y nuestro sentir sin destruir nuestros vínculos?

Seguramente estas preguntas te han hecho dudar y cuestionarte tu forma de dialogar. Es que resulta fundamental empezar a revisar nuestra forma de encarar el diálogo con la gente que queremos para fomentar vínculos sanos y buenos hábitos de comunicación. Así que nos encontramos pensando nuestra forma de dialogar con nuestros padres, con nuestros hijos, con amigos, con la pareja.

Está claro que muchas personas están enfrentando dificultades para conectarse con los demás a través del diálogo. A veces escuchamos por ahí que «no se puede hablar con nadie». En una expresión que denota cierto malestar, decepción, frustración y hasta un poco de enojo. Pero ¿qué nos pasa?

Sucede que la comunicación se va contaminando con ciertos malos hábitos, que podríamos llamar vicios de la comunicación. Vamos adquiriendo hábitos negativos de pensamiento que luego expresamos al hablar con los demás. El problema es que estos vicios enferman e intoxican, poco a poco, nuestros vínculos con los demás. Van deteriorando el dialogo hasta que este se pierde, hasta sentir que ya no se puede hablar con nadie.

Al dialogar muchos tienden a criticar lo que el otro hace, siente o piensa, porque nada de eso se ajusta a su sistema de creencias propio. Las personas así han adoptado un sistema de creencias rígido que se volvió demasiado dogmático, desde el que juzgan todo lo que sucede a su alrededor como si todo debiera, por alguna razón, ajustarse o encajar dentro de ese sistema de creencias.

Son personas que juzgan demasiado a los demás. Pareciera que únicamente lo que ellos hacen, sienten o creen, es lo correcto.

Otra forma de contaminar o intoxicar la comunicación se da en la burla o en el enojo, negando la validez de otras formas de hacer, sentir o pensar, pero además desvalorizándolas. La burla se utiliza desde la ironía, el sarcasmo o insinuando la ignorancia del otro frente a nuestro aparente saber. Las personas tienden a burlarse del punto de vista de los demás y desvalorizan a la persona tratándola de ignorante. De igual manera aparece el enojo en formas violentas de comunicación. Así, la persona se enoja y levanta la voz para imponer su punto de vista frente a otros, en un intento de que este pueda prevalecer como el verdadero.

Esta comunicación violenta se suele acompañar de intolerancia y prepotencia. Las personas así imponen sus puntos de vista. Atropellan las creencias de los demás como si estuvieran exigiendo que todos se ajusten a las suyas, que acepten su verdad. Querer que todo y todos encajen dentro de nuestro sistema de creencias es destructivo. Nuestra percepción de la realidad requiere flexibilidad.

Queda claro que este tipo de comunicación destruye los vínculos. No hay forma de que desde esta podamos conectarnos de manera saludable con alguien. Todo lo contrario. Como consecuencia de esta forma violenta de comunicación, surgen el desinterés, la distancia, el alejamiento, la evasión y, lamentablemente, la desconexión. En conclusión, la ruptura del vínculo.

Sin embargo, la comunicación pasiva, el caso contrario, tampoco contribuye a la formación de vínculos saludables. Sentir que preferimos evitar para no expresar lo que sentimos o pensamos no es el camino. Encerrarnos en nosotros mismos, sentir que no tenemos con quien hablar sobre nuestros asuntos y dudar de nuestro propio punto de vista, no nos permite tener vínculos sanos y fuertes.

Entonces las preguntas que debemos hacernos son ¿cómo recuperamos la comunicación saludable?, ¿cómo hacemos para dialogar de forma abierta y libre con otras personas?, ¿cómo curar esos vicios comunicativos para empezar a sanar y desintoxicar nuestra conexión con los otros?

Una clave, ya la mencionamos antes, es comenzar a flexibilizar nuestro sistema de creencias. Nadie puede tener un diálogo libre y abierto desde un sistema de creencias rígido y dogmático. Mucho menos si presume solo el suyo como verdadero y va por la vida pisoteando y atropellando todo lo que no se ajuste a este.

Comprender que nuestras creencias son nuestras y que no todos tienen por qué compartirlas es fundamental para no quedarse solo, para poder vincularse saludablemente y conectando a nivel emocional con los demás.

Otra clave está en expresar nuestras creencias u opiniones con la suficiente convicción como para no permitir el cuestionamiento desvalorizador que los otros puedan hacer sobre nosotros. Claro, también con el respeto necesario para no herir ni desvalorizar los demás criterios. Se trata de lograr desarrollar habilidades para una comunicación asertiva, en la que podamos expresarnos con libertad, sin herir, estableciendo sanos vínculos y sin generar tensiones innecesarias. Es expresar y, al mismo tiempo, saber escuchar. Respetar y ponerse en el lugar del otro para entender su punto de vista, aunque no estemos de acuerdo.

Para lograr desarrollar estas habilidades de comunicación asertiva es necesario comenzar a repensar nuestra forma de vincularnos. Comenzar a observarnos, escuchar sin juzgar, comprender, aceptar nuestras imperfecciones y las del otro. Sin tensiones, sin enojo, sin levantar la voz, sin duras críticas.

Tal vez te sucede que sientes que tienes que justificar tus creencias frente a otros que las atropellan. Quizás ocurre que hay personas que dirigen hacia ti una forma violenta de comunicación. Puede que esos vínculos te estén causando sufrimiento, que sientas enojo por tener que reafirmarte frente al otro sin saber cómo hacerlo.

Se trata de una necesidad de autoafirmación. Sentimos que si somos indiferentes a esa situación nos frustramos, porque parece que siempre está mal nuestra forma de ver las cosas; que nunca es suficiente nuestro hacer, nuestro sentir o nuestro pensar. Por otro lado sentimos una necesidad intensa de defender nuestro sistema de creencias, de protegerlo frente a esos ataques.

Lograr esta autoafirmación con asertividad es clave. Poder expresar lo que sentimos, queremos o pensamos, sin destruir, sin herir y sin permitir que nos atropellen, juzguen o hieran, es el camino para recuperar los espacios de diálogo que necesitamos para fortalecer la salud de nuestros vínculos y nuestras conexiones emocionales con otras personas.

Una pregunta que puede surgir en este punto es ¿cómo hacemos para escuchar sin juzgar? La respuesta es que se trata de un proceso personal de aprendizaje y de autorreflexión. Tenemos que observarnos a nosotros mismos y preguntarnos cómo somos en el diálogo con las demás personas.

El diálogo libre y abierto solo se logra cuando podemos estar presentes en la comunicación con el otro, atentos, escuchando sin desvalorizar, sin atribuir culpas, sin lastimar, brindando apoyo, pero sin querer ofrecer recetas ni soluciones. Cuando podemos ser asertivos, expresando ideas y creencias, no verdades. Cuando somos capaces de comprender que no tenemos derecho de juzgar cómo resuelven los demás sus vidas, así como nadie tiene derecho a juzgar cómo hemos resuelto la nuestra.

Observarnos a nosotros mismos desde la sincera autocrítica, reconociendo esos vicios que enferman nuestros vínculos. Por ejemplo, la costumbre que tenemos de escuchar y querer brindar soluciones a los problemas del otro, «recetas», «sabios consejos», como si los demás no fueran capaces de resolver sus problemas pero nosotros sí. Esa mala costumbre solo causa sufrimiento. Cuando un amigo, un hijo, una pareja o quien fuere, te cuenta algo que siente, piensa o le sucede, no espera que le ofrezcas la solución, solo espera recibir tu apoyo y que lo entiendas; poder aliviar la carga que trae consigo compartiendo su pesar. En eso consiste escuchar sin juzgar.

Otro vicio que enferma nuestros vínculos es aferrarse a la idea de tener siempre la razón. ¿Qué tanto nos importa tener la razón? Observérnonos en eso también. No siempre tenemos que tener la razón, ni la tenemos, de hecho. A veces hay que reconocer que otros tienen razón también; o que nadie la tiene; o que todos la tienen a su manera. Tener la razón no es tan importante como estar bien conectado emocionalmente. ¿Sabes cuanta paz te quita aferrarte al enojo?, ¿notas la energía que desgastas al enojarte?, ¿notas la desconexión que te aleja de los otros?

No tiene caso aferrarnos a tratar de convencer a todos de nuestro punto de vista. Debemos abandonar esa actitud hostil de enfrentamiento, de adoctrinamiento, para estar en paz con nosotros mismos y con los demás. ¡Cuánta energía malgastada en sucesos inútiles que no han contribuido en nada!

Te propongo un ejercicio de observación.

Obsérvate en tus diálogos con otras personas. Observa cómo te manejas qué emociones o actitudes negativas afloran cuando intercambias ideas en una charla con amigos; en tus conversaciones con tus hijos, con tus padres o en tus momentos en pareja. Obsérvate en tus desacuerdos.

¿Qué emociones o actitudes puedes reconocer? Toma nota de ellas para que puedas reflexionar sobre esto y trabajar para mejorarlo.

Busca tus fortalezas y habilidades, tus actitudes positivas, reconócelas para fortalecerlas en tus vínculos de comunicación. Reconoce tus debilidades no para justificarte en ellas, sino para trabajarlas y superarlas.

Haz una lista con ambas para tenerla presente y proponerte mejorar en tus habilidades para el diálogo. Créeme, desarrollar habilidades de comunicación asertiva transformará tu forma de comunicarte y mejorará tus vínculos, así como tu forma de sentirte en la comunicación con los demás.

El compromiso con una vida feliz

Solo podemos estar en el presente, agradecidos por lo que hay en nuestra vida y trabajando con intención en aquello que aún no es pero que queremos que sea. Proyectándonos como las personas que somos, que construyen su propia historia.

Tenemos en nuestras manos la posibilidad de trabajar en nuestro desarrollo personal para poder sentir y afirmar que merecemos y podemos ser felices. Personas que asumen un compromiso con una vida feliz.

Quizás no todas las personas tengamos claro lo que deseamos, lo que realmente queremos. No obstante, todos tenemos claro que queremos ser felices. Aun así, qué determina la felicidad para cada uno va a depender de quiénes somos y de nuestra forma de apreciar la vida. Cada quién experimentará la felicidad subjetivamente, porque, después de todo, qué es la felicidad o qué nos hará felices no es una certeza que podemos hallar en algún lugar.

Poder determinar qué es la felicidad y cómo ser más felices resulta en extremo complejo. Lo que sí podemos determinar desde ya es que ese estado emocional interior, al que llamamos felicidad, puede desarrollarse trabajando en nosotros mismos, entendiendo que somos parte importante de nuestra felicidad y que en gran medida estamos a cargo de ella.

Es posible que ahora te estés preguntando de qué forma podemos desarrollar una vida feliz. Una manera de comenzar a trabajar en nuestra felicidad es observándonos a nosotros mismos. Observar, por ejemplo, nuestro modo de vivir, nuestros hábitos y nuestra forma de ver la vida. Comenzar a desarrollar hábitos y actitudes que nos ayuden a ser más felices.

Sabemos que sentir gratitud hacia la vida genera felicidad. Agradecer por todo lo que ya hay en nuestra vida, aunque haya cosas que todavía nos falten y tengamos que seguir trabajando para obtener. Con dificultad pueda ser feliz quien no se sienta agradecido por más que lo tenga todo.

Abandonar la actitud de queja permanente y disconformidad para asumir una actitud de gratitud por lo bueno, así como por los aprendizajes y experiencias que dejó lo malo o lo no tan bueno. Asumir una actitud de aceptación por aquello que acontece más allá de nuestra voluntad o nuestros deseos. Entender que no siempre obtendremos lo que queremos o que las cosas no siempre saldrán como esperábamos. Aceptar lo inesperado. Entender que la vida no ofrece certezas. Aunque nos encanta sentir seguridad, la vida nos ofrece lo inesperado y no hay garantías. Se vive, y vivir es una aventura llena de desafíos inimaginables.

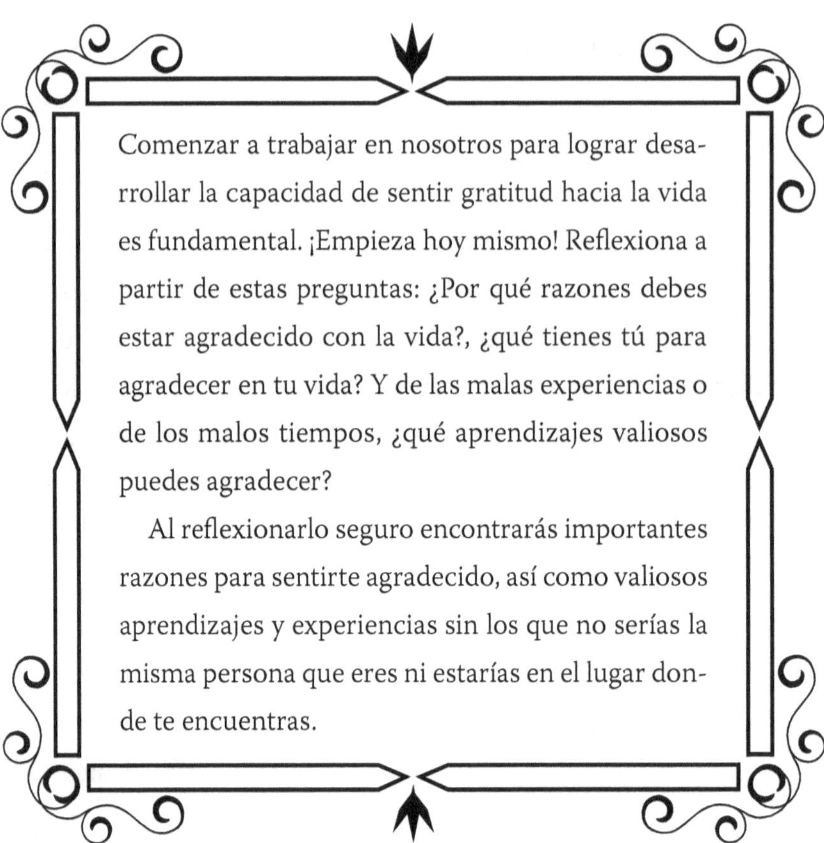

Comenzar a trabajar en nosotros para lograr desarrollar la capacidad de sentir gratitud hacia la vida es fundamental. ¡Empieza hoy mismo! Reflexiona a partir de estas preguntas: ¿Por qué razones debes estar agradecido con la vida?, ¿qué tienes tú para agradecer en tu vida? Y de las malas experiencias o de los malos tiempos, ¿qué aprendizajes valiosos puedes agradecer?

Al reflexionarlo seguro encontrarás importantes razones para sentirte agradecido, así como valiosos aprendizajes y experiencias sin los que no serías la misma persona que eres ni estarías en el lugar donde te encuentras.

¿Qué más necesitamos para construir nuestra felicidad? Para ser más felices necesitamos ser en el presente, estar más presentes. Porque se vive consciente en el ahora. De modo automático no se vive, no se es.

Una de las grandes preocupaciones de la vida es el tiempo. Finito, pasajero, efímero. El tiempo escurriéndose como arena entre los dedos, que en un instante se convierte en pasado y ya no es ahora. Atormentados por el pasado en vez de estar presentes. Atrapados en historias anteriores o en conflictos sin resolver. Sin entender que lo que ya sucedió no se puede cambiar. Necesitamos sanar nuestra historia desde el perdón o desde la comprensión y aceptación para poder dejarlo atrás. Dejar de recriminarnos por lo que no pudo ser o por cómo podría haber sido y aceptar lo que fue. Solo así podremos sanar.

Necesitamos estar en paz con nuestro pasado, sin asuntos pendientes. Difícil, lo sé. Las personas solemos tener asuntos pendientes del pasado que guardamos en los rincones más oscuros de nuestro ser, cerramos bien la puerta con llave para luego olvidar dónde se encontraban esas puertas y las llaves para abrirlas. Intentamos dejar esos asuntos en el olvido.

Pero sucede que esos asuntos inconclusos se convierten en una fuerza destructiva, en una fuente de malestar que se manifiesta desde dentro de nosotros. Entonces muchas personas van por la vida sintiéndose incómodas con todo y con todos. No saben qué es lo que necesitan para ser felices, nada les basta para estar bien. Y en el fondo se trata de que no están bien con ellos mismos, con su pasado, con su historia.

Los conflictos sin resolver, esos asuntos pendientes del pasado, no nos dejan estar en paz para ser felices. Debemos saldar esos asuntos, buscar ayuda, si es necesario, para encontrar esas puertas cerradas y sus respectivas llaves olvidadas. Luego poder abrirlas y afrontar con valor lo que tenemos allí guardado. Afrontar nuestra historia para hacernos cargo y superarlo, poder dejarlo atrás, aceptando o perdonando.

Nuestro pasado es parte de nuestra historia, de quienes somos, y no podemos simplemente dejarlo en el olvido. Necesitamos aceptarlo y afrontarlo como lo que es, sintiéndonos en paz con eso.

Mas no solo nos preocupa el pasado, también nos preocupa el futuro y lo que pueda suceder, lo incierto. Nuestro cerebro se empeña en suponer aquello que no sabe, imaginando posibles escenarios que conllevan más que nada a preocupaciones infundadas.

No podemos estar en el futuro porque aún no es, todavía no llegó. Solo podemos estar en el presente, agradecidos por lo que hay en nuestra vida y trabajando con intención en aquello que aún no es pero que queremos que sea. Proyectándonos como las personas que somos, construyendo nuestra propia historia.

Estar presentes en nuestra vida mientras nos proyectamos para seguir creciendo como las personas que somos, desarrollándonos, viviendo con sentido, con vínculos afectivos para ser felices con otros también.

Te propongo que reflexiones sobre la manera en la que tu mente ocupa el tiempo: pasado y futuro. Intenta indagar sobre cuales asuntos del pasado te atormentan y, si puedes, busca una forma de afrontarlos. A veces, cuando estos involucran a personas que ya no están a nuestro lado, puedes escribir una carta en la que te hagas cargo del asunto; en la que puedas expresar tus sentimientos y saldar la situación para aceptar lo ocurrido o perdonar si es necesario. Luego puedes romper la carta, arrojarla al mar o lo que se te ocurra, como un acto simbólico dónde dejas ir ese asunto pendiente.

Puedes reflexionar de igual manera sobre tus preocupaciones del futuro, escribiendo en un papel qué cosas de este te quitan la tranquilidad. Luego puedes pensar de qué manera dejar de preocuparte por esas cosas y comenzar a ocuparte haciendo planes, trazando metas o pasos a seguir, proyectándote a ti mismo.

También es posible reflexionar sobre si tienen sentido esas preocupaciones o solo se trata de tu mente que, por no estar conectada con el presente, dispara pensamientos que solo te dejan malestar. Si es así, puedes intentar volver a conectar con el aquí y ahora a través de tu respiración, concentrándote en ella una y otra vez hasta volver a conectar con la vida.

Otro aspecto importante de la felicidad consiste en dejar de idealizarla como un lugar maravilloso a donde llegaremos algún día. Ese pensamiento común de que llegará un día en el que podremos ser felices, como si la felicidad se encontrara al final del camino. ¿Por qué ubicar la felicidad en el futuro si el futuro todavía no es?, ¿por qué ser feliz mañana si puedo ser feliz hoy?

Comenzar a pensar nuestra felicidad en esos momentos de dicha que encontramos en el andar mismo por el camino de la vida. En el momento que es ahora. Una felicidad construida de momentos, sin que esto signifique que siempre habrá momentos felices.

Como personas está en nuestra naturaleza humana, en nuestro ser, tanto el poder gozar y disfrutar de la vida como el sufrir y padecer dolor. A todos nos tocaron tiempos difíciles que atravesar con esfuerzo y coraje. Pero, como cualquier cosa en la vida, todo pasa. El sufrimiento se alivia, las heridas sanan, las circunstancias cambian. Necesitamos entender que atravesar momentos de dolor y gozar momentos felices es parte de vivir.

Estos momentos son los que harán de nuestra vida una vida feliz. Y al final podremos observarnos desde lejos y decir «tuve una vida feliz a pesar de todo».

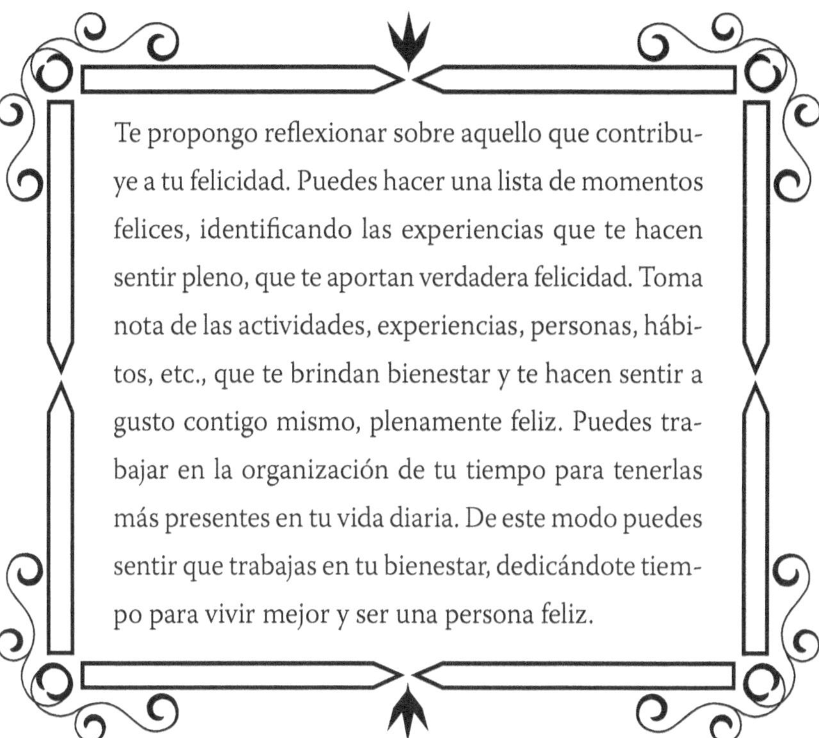

Te propongo reflexionar sobre aquello que contribuye a tu felicidad. Puedes hacer una lista de momentos felices, identificando las experiencias que te hacen sentir pleno, que te aportan verdadera felicidad. Toma nota de las actividades, experiencias, personas, hábitos, etc., que te brindan bienestar y te hacen sentir a gusto contigo mismo, plenamente feliz. Puedes trabajar en la organización de tu tiempo para tenerlas más presentes en tu vida diaria. De este modo puedes sentir que trabajas en tu bienestar, dedicándote tiempo para vivir mejor y ser una persona feliz.

A veces las personas sentimos que no podemos ser felices, pero ¿qué nos impide ser felices? Es pertinente pensar esta interrogante y observar qué necesitamos para sentir esa felicidad que afirmamos no tener o no poder alcanzar.

¿Qué tanto has escuchado tus necesidades últimamente?, ¿te has observado y trabajado en ti mismo para crear tu felicidad? Nada bueno nos llegará sin esfuerzo, nada que valga la pena lo obtendremos sin trabajar para ello.

Como personas tenemos necesidades que no podemos ignorar. Necesitamos saber quiénes somos y sentirnos libres de serlo. Necesitamos escuchar nuestro sentir y pensar, tomándonos en serio y respetando nuestro ser.

Necesitamos aceptar todo aquello que no podemos cambiar y mejorar todo aquello que esté a nuestro alcance. Necesitamos comprometernos con nuestra vida para vivirla de forma significativa, con propósito, teniendo conciencia de lo que hacemos, por qué y para qué lo hacemos.

Tenemos en nuestras manos la posibilidad de trabajar en nuestro desarrollo personal para poder sentir y afirmar que merecemos y podemos ser felices. Personas que asumen un compromiso con una vida feliz.

Ahuyentando el miedo

En cada etapa de nuestra vida habrá miedos que vencer.

Toda etapa nos impulsa hacia algo nuevo y desconocido. Lo que no debemos es permitir que los miedos nos atormenten al punto de dejarnos atrapados y detenidos en el mismo lugar, pues ni la vida ni las oportunidades esperan.

Nuestra historia está llena de posibilidades. Siempre es posible avanzar hacia nuevos y desconocidos horizontes, comenzar de nuevo, transformarnos. Sin embargo, a veces sentimos que no podemos avanzar, como si estuviéramos detenidos. ¿Por qué?, ¿qué es lo que nos impide ir hacia donde queremos estar?

Todos en nuestras vidas enfrentamos problemas, obstáculos que nos impiden ir desde el lugar en el que nos encontramos hacia donde queremos estar. La vida misma se encarga de ponernos obstáculos en el camino, llenándolo de circunstancias difíciles y adversidades. Nuestro abanico de posibilidades será más estrecho o más amplio dependiendo de la familia que tengamos; el barrio donde vivamos; la cultura a la que pertenezcamos; el lugar del mundo donde nacimos; la salud que tengamos; la condición económica, y podríamos mencionar muchos ejemplos más.

¿Qué pasa cuando los obstáculos no están fuera de nosotros sino dentro?, ¿es posible que seamos nosotros mismos los que vamos forjando ciertos cucos que nos impiden avanzar?

Ese sentimiento de atascamiento, la sensación de estar detenido en un mismo lugar. La percepción de ser demasiado pequeños frente a aquello que queremos lograr, como si no fuésemos suficiente para alcanzar el lugar que anhelamos. Sentirnos y vernos disminuidos frente a los obstáculos. Son todos muy comunes.

Esos cucos que vamos forjando son nuestros miedos. Miedos que nos mantienen atrapados en el mismo lugar sin dejarnos avanzar, porque en este lugar que ya conocemos estamos seguros. ¡Y que bien se siente estar seguro! Quizás si nos movemos hacia un lugar desconocido fracasemos o ya no estemos tan bien. «Nadie quiere fracasar, nadie quiere que le vaya mal. No vale la pena arriesgar lo que tenemos asegurado por una posibilidad de algo desconocido». Esa es la voz de nuestros miedos desde lo más profundo de nosotros mismos.

Si lo permitimos, nuestros miedos nos detienen. Afectan nuestra confianza en nosotros mismos, haciéndonos sentir incapaces de estar donde realmente queremos y que no somos valiosos o que incluso no tenemos el valor suficiente para ir por nuestros sueños.

¿Cómo hacemos para no dejarnos atrapar por nuestros miedos?, ¿cómo hacemos para ahuyentarlos de nuestra vida? Afrontándolos, reflexionando sobre ellos para entenderlos y aprender a manejarlos. Entendiendo que no tenemos razones para temer, aunque a veces parezca lo contrario. No es fácil pero tampoco es imposible.

Avanzar en nuestra vida implica buscar nuevas oportunidades, pero si nos dejamos atrapar por el miedo no veremos oportunidades sino riesgos. En vez de pensar que estamos buscando una oportunidad para crecer pensaremos que nos estamos arriesgando. Al reflexionar sobre esto nos damos cuenta de que no hay razones para temer. Buscar oportunidades o nuevas experiencias implica aprendizajes sobre lo bueno que puede llegar a nuestra vida o sobre los errores cometidos y cómo trabajar en ellos para hacerlo mejor la próxima vez. No se trata de correr riesgos, como si nos expusiéramos a un peligro, se trata de avanzar hacia nuevos horizontes.

Cada vez que nos trazamos una meta o tenemos un sueño, nos atormentan nuestros miedos. No ser lo suficiente para lograrlo; no ser tan valiosos como otras personas. Al pensar estas cosas, parecemos disminuidos y pequeños, insignificantes frente a la grandeza a nuestro alrededor.

¿Es así o es que en realidad estamos siendo conscientes de cuánto nos falta para llegar a esa meta o sueño? Con solo reflexionarlo un momento entendemos que las metas y los sueños se alcanzan con trabajo, y puede que el trabajo sea grande lo que no significa que nosotros seamos pequeños.

Al reflexionar podemos comenzar a creer más en nosotros, en nuestra capacidad para trabajar en lo que queremos y por lo que queremos. Empezamos a afrontar el temor confiando en nuestras posibilidades y al confiar vemos todo de otra manera.

Entonces podemos decir que con solo hallar una razón para no temer estamos ahuyentando el miedo, no nos estamos dejando atrapar por este.

Es importante ser conscientes de que en cada etapa de nuestra vida habrá miedos que vencer. Cuando éramos niños nos atormentaban miedos pequeños que nos parecían enormes. A decir verdad, toda la vida es así porque a menudo nuestros miedos se deben a cómo nos imaginamos que son las cosas más que a cómo son realmente. Como si de alguna manera fuéramos alimentando esos cucos que nosotros mismos creamos y al hacerlo les damos fuerza mientras nosotros nos volvemos más pequeños, dejando de creer en nuestras posibilidades. Los hacemos más y más poderosos, mientras nosotros nos sentimos incapaces de lograr lo que deseamos.

Poder reconocerlos es el primer paso para hacerles frente y poder manejarlos, tomar el control y gobernarnos a nosotros mismos.

Toda etapa nos impulsa hacia algo nuevo y desconocido, por lo que es común sentirnos amenazados por ello. Lo que no debemos es permitir que los miedos nos atormenten al punto de dejarnos atrapados y detenidos en el mismo lugar, pues ni la vida ni las oportunidades esperan. Lo que no seamos capaces de tomar lo tomará alguien más en nuestro lugar. Vivir requiere valor.

Y tú, ¿vives la vida con valor o con temor?, ¿qué obstáculos te impiden avanzar en este momento de tu vida?

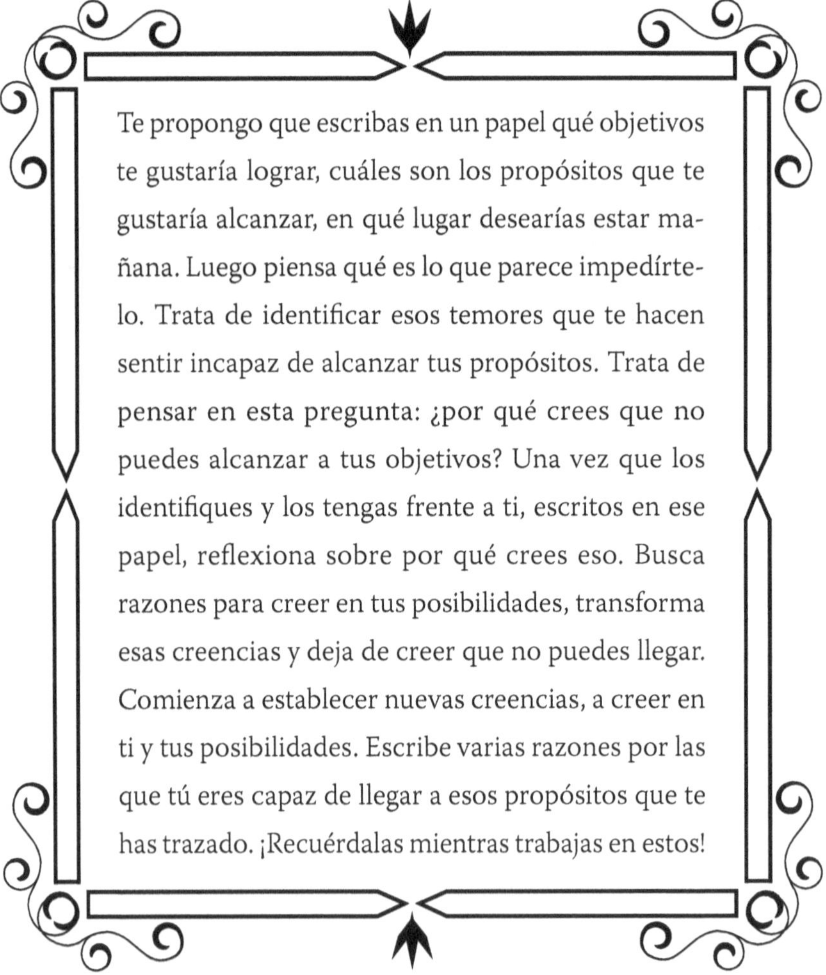

Se trata de poder reflexionar sobre los temores que obstaculizan el camino hacia nuestros propósitos y entender cómo superarlos para poder avanzar. Cada vez que creemos que tenemos razones para sentir temor no hacemos más que limitarnos.

Por eso en este ejercicio te propongo identificar esas creencias limitantes y establecer, reflexivamente, nuevas creencias sobre tus posibilidades para vencer esos temores. Ser capaz de dejar atrás esos miedos que atormentan tu paz interior.

Alcanzar estar en paz, sin pesar en el alma, es la riqueza más grande que existe y también la más difícil de obtener. ¿Qué nos impide estar en paz? Todo lo que nos atormenta, lo que nos apena, lo que genera pesar en nuestro interior.

Solo estando en paz de verdad podremos sentirnos realmente felices. Felices por nuestra vida, felices por quienes somos, felices por realizarnos y vivir en plenitud.

Poder reconocer y entender aquello que nos atormenta, que llena de pesar nuestra alma y no nos permite vivir mejor, es la clave.

La clave para vivir mejor es conocernos a nosotros mismos.

Vivir con esperanza y optimismo

La vida está compuesta de alegrías y tristezas, hay días grises y días soleados. Pero pase lo que pase, sea lo que sea, no perder nunca la esperanza.

Vivir con optimismo porque, más allá de todo, la vida es una valiosa oportunidad; valiosa y única. Una oportunidad que se nos brinda una vez. Está en cada uno cómo decide tomarla. Está en cada uno el poder para vivir mejor.

Siempre se nos ha enseñado que los humanos somos seres pensantes. Que es nuestra razón, esta capacidad de pensamiento, lo que nos define. Nos define como las personas que somos, que hacen su historia desde el ejercicio de su libertad y en la toma de decisiones sobre nuestras vidas. Personas capaces de formarse sus propios ideales y vivir de acuerdo a ellos.

Y, en cierto modo, es cierto. Nuestras ideas nos definen. No obstante, digo que en cierto modo porque no es lo único que nos define. También lo hacen nuestras emociones y sentimientos. Porque además de ser racionales somos seres emocionales, seres que piensan y que sienten. Con nuestra razón entendemos, ideamos, proyectamos, deliberamos. Desde nuestro sentir comprendemos y nos conectamos con nosotros mismos y con los demás.

Somos seres conectados afectivamente. No podemos concebir la vida que conocemos sin estar vinculados a través de lazos significativos con otros seres, lazos de afecto que nos unen. Es esa conexión emocional la que nos hace felices pero también nos hace sufrir.

Los seres humanos disfrutamos de la vida siendo felices, así como sufrimos padeciendo dolor. Sufrir es parte de la naturaleza humana, está en nuestra esencia. Sufrimos por nosotros mismos y sufrimos también por otros, porque el sufrimiento del otro también nos duele. Esa conexión emocional amorosa con los demás nos pone en un lugar de riesgo, porque cuando se ama se arriesga a sufrir y ser feliz al mismo tiempo.

Así, sufrimos por el amor romántico y por el amor fraterno. Sufrimos por el amor hacia nuestros hijos y por el amor hacia nuestros padres. Sufrimos por los amigos; sufrimos por las injusticias; por la guerra; por el hambre; por la enfermedad. Sufrimos por otros porque nos importan, nos importan de tal modo que casi podría decirse que somos capaces de sufrir por y con el otro.

Es necesario comprender ese sufrimiento como parte de la vida misma. La vida está compuesta de alegrías y tristezas, hay días grises y días soleados. Poder aceptarlo es parte de un proceso sobre lo que significa vivir y existir en plenitud. La vida también incluye lo inesperado.

La existencia es un largo recorrido, aunque a veces parezca corto, donde vamos transitando y encontrando todo tipo de paisajes. Al final se trata de poder conectar con todos ellos. Aprender a disfrutar de los días buenos de manera consciente y presente, pero también ser capaces de atravesar los días malos o los no tan buenos con la misma conciencia y presencia para aprender, superar y salir fortalecido.

A veces imagino esos momentos como si fueran una niebla muy densa en el camino. Una niebla que no nos permite ver con claridad lo que hay, que nos hace sentir vulnerables, llenos de dudas, temerosos, frágiles... Sin poder ver hacia dónde vamos, sin poder ver qué hay del otro lado. También me imagino que solo tenemos dos opciones: quedarnos en medio de la niebla, en la oscuridad, atrapados en esas emociones negativas dejando que se apoderen de nosotros, que tomen el control, o tomar coraje y atravesar esa niebla por completo de un lado al otro.

Atravesar el sufrimiento significa, en primer lugar, poder aceptarlo para después llegar a comprender su sentido, por qué y para qué sucede. Poder llegar a entender que todo lo que sucede en la vida siempre es una oportunidad para aprender, superarse y ser mejor persona.

Esto lo sabremos después, cuando ya haya sucedido, y al mirar desde una perspectiva diferente podremos decir «yo pude, aunque en ese momento pensé que no podía». Es justo en ese momento en el que llegamos a comprender nuestro aprendizaje y apreciar nuestro coraje, a apreciarnos como las personas valientes que somos. Personas que viven la vida con valor y no con temor, con el valor suficiente para atravesar el dolor y superarse.

Lo fundamental y más importante es tomar la decisión de no quedarnos atrapados en la niebla. Avanzar, pase lo que pase, sin miedo, atravesar de lado a lado ese sufrimiento para seguir adelante.

Trabajar en nuestra fortaleza, como si se tratara de un entrenamiento; frente a cada dificultad, cada circunstancia adversa, cada tristeza, frente al dolor no rendirnos y luchar.

Se necesita valor y fortaleza para no quedarse atrapado en la niebla y salir hacia el otro lado. Al final todo pasa, antes o después, tarde o temprano, todo pasa. Muchas de las circunstancias difíciles de nuestras vidas cambian. Nada es para siempre. El dolor se alivia. Hay dolores profundos, es cierto, que duelen por más tiempo y con más intensidad, pero la aceptación y nuestra capacidad para atravesarlos y comprenderlos nos darán alivio. No se debe evitar el dolor ni se puede evadir, no queda más que afrontarlo.

Todas las personas tenemos que pasar por tiempos difíciles. La vida está llena de desafíos porque, si no fuera así, ¿qué valor tendría para nosotros ser felices, tener bienestar, estar en paz? No podríamos atribuirle el mismo significado a lo bueno de la vida si no conociéramos lo que hay del otro lado.

Cada uno de nosotros tiene su propio camino y su propia niebla que atravesar. Todos tenemos un recorrido con diferentes paisajes; algunos tendrán más días grises y otros más días soleados. Cada uno recorrerá su camino a su manera y cada uno tendrá su propio nivel de dificultad. ¡No lo olvides! Tu camino y tu recorrido es distinto al de los demás. Tú también lo eres. ¡Así que respira, toma valor y continúa! Quedarse atrapado no es la mejor opción. ¡No te quedes atrapado en la niebla!, ¡no te quedes atrapado en el sufrimiento!

Te propongo que te observes cuando enfrentas situaciones difíciles que te causen malestar o sufrimiento. Observa qué valoraciones haces sobre ti mismo o sobre tu vida cuando te suceden cosas inesperadas que te hacen sentir mal.

Las personas solemos sentenciar con juicios como «siempre me tienen que pasar cosas malas» o «cada vez que estoy bien tiene que pasar algo». Observa si realizas este tipo de valoraciones y anótalas en un papel. Luego, intenta responder a cada una desde un lugar de aceptación donde puedas comprender que en la vida también hay dificultades y que esas dificultades suceden a todos, no solo a ti.

También puedes observar que eres una persona valiente apreciando cómo has superado desafíos con coraje y fortaleza. Puedes completar sentencias como:

«Yo soy una persona valiente porque…».

«Yo superé o estoy superando con fortaleza…».

Atravesar el dolor supone aceptarlo como lo que es. Las personas adultas tendemos a intentar evadirnos entre nosotros cuando estamos sufriendo. Así sufrimos en silencio, hacia adentro, para que nadie nos vea y que nadie sepa que somos personas que a veces sufren por cosas que les afectan. Ahora que lo digo suena tonto, ¿verdad? Lo es, es un esfuerzo tan grande como inútil.

Nos cuesta llorar como cuando éramos niños, que expresábamos todas nuestras emociones negativas llorando con toda nuestra energía. Ahora que maduramos lloramos para adentro. Esto genera una presión muy intensa en el pecho, como si fuera una valija que intentamos cerrar pero que está llena de cosas que deben quedar afuera porque no hay lugar. Y de todas formas insistimos en cerrarla, pero no es posible, no sin romperla.

Necesitamos aceptar nuestras emociones y vivirlas a plenitud, no debemos negarlas ni ocultarlas. Permitirnos llorar como cuando éramos niños, con toda la intensidad de nuestras emociones. Permitirnos estar tristes. Dejar que nos vean tristes y nos acompañen en un abrazo, en la escucha, en el silencio.

El llanto, como la lluvia, limpia nuestras heridas. Saca ese dolor de adentro hacia afuera para que fluya y se pueda aliviar. Vivimos en un tiempo donde siempre hay que estar feliz o, al menos, parecer que lo estamos. Hay que estar bien, ser positivos. Si estás mal por algo, tienes que salir a distraerte para no pensar en eso. Sin embargo, la realidad es que nadie sale del dolor sin aceptarlo, hacerse cargo y atravesarlo.

No puede uno evadirse a sí mismo sufriendo. No debemos llorar en silencio, para adentro, no debemos quedarnos a solas con el dolor.

Piensa cómo vives o has vivido tu sufrimiento; de qué manera lo expresas, de qué manera te haces cargo de tus emociones. Date permiso para detener tu marcha en la vida por un momento, el mundo no se acabará porque te bajes un instante. Detente para poder acompañarte en esas emociones negativas que estés sintiendo. Date permiso para llorar lo que sea necesario, para ir más despacio. Permítete vivir con tu dolor hasta atravesarlo, hasta que estés listo para soltarlo, dejarlo ir y volver al ritmo de la vida.

A la vida hay que aceptarla con todo lo que ella es. Pase lo que pase, sea lo que sea, no perder nunca la esperanza. La esperanza de que llegará un día en el que esto que hoy nos apena pasará, se aliviará y estaremos bien.

Vivir con optimismo porque, más allá de todo, la vida es una valiosa oportunidad; valiosa y única. Una oportunidad que se nos brinda una vez. Está en cada uno cómo decide tomarla. Está en cada uno el poder para vivir mejor.

Las cosas del vivir

Conocernos a nosotros mismos; conectarnos a través del diálogo; cultivar la amistad; atravesar cambios y transformaciones; ser felices; afrontar nuestros miedos; superar el dolor. Estos son algunos de los temas más esenciales de nuestra existencia, son las cosas del vivir. Tan esenciales que si no los abordamos en algún momento de nuestra vida difícilmente podremos llegar a vivir en plenitud. Aunque, por otro lado, abordarlos no significa que podamos resolverlos de forma definitiva.

Sucede que en la vida nos la pasamos resolviendo diferentes asuntos y problemas, superando obstáculos. Sin embargo, algunos no se pueden resolver de una vez y para siempre. Entonces, ¿qué hacemos?, ¿cómo hacemos para vivir con ellos?

Tratar de entenderlos, de encontrar su sentido. Quizá lo más difícil sea aceptar que muchas de estas inquietudes nos acompañarán largo tiempo. Como si fueran parte del escenario de la vida.

Estos temas esenciales de nuestra existencia están presentes a lo largo de nuestra vida de diferentes formas, reapareciendo para recordarnos que las personas jamás tendremos la vida resuelta. Que la vida nos exige ser pensada constantemente para ver cómo hacemos para vivir mejor.

Así, puede ser que hoy tengas la necesidad de conocerte mejor, de encontrar tu esencia, pero puede que en veinte años vuelvas a sentir la misma inquietud. Porque jamás termina uno de conocerse a sí mismo. O puede que en un determinado momento de crisis existencial te plantees cómo ser feliz, pero también debas pensarlo muchas otras veces cuando sientas que no estás siendo todo lo feliz que quisieras. Es posible que debas afrontar miedos más de una vez en la vida o que necesites mejorar tus vínculos porque sientes que no estás bien conectado con los demás.

De este modo vemos como estos grandes temas, las cosas del vivir, no pueden resolverse de manera definitiva. Entonces aprendemos a reflexionar sobre ellos para encontrarles un sentido, para lograr vivir en plenitud, para vivir mejor.

En estas páginas te invité a dialogar conmigo. Te propuse estos temas para reflexionar juntos. Te incité a pensarte a ti mismo a través de preguntas, entendiendo a la pregunta como herramienta de pensamiento. A que te conectes con tu ser, que comiences a mirar hacia adentro en busca de ti mismo. A que reflexiones sobre tu conexión con tus vínculos y contigo mismo, sobre la comunicación y el diálogo que nos une a los demás.

Te propuse pensar sobre el devenir de la vida, sobre lo inesperado y nuestra actitud de resistencia al cambio. También pensamos juntos sobre cómo comprometernos con una vida feliz; cómo hacer para sostener la idea de que merecemos ser felices; sobre qué podemos hacer para ser más felices en nuestra vida y cómo superar los tiempos difíciles.

Finalmente, pensamos nuestros miedos. Cómo nos atormentan, obstaculizando nuestro camino. Cómo afrontarlos y vencerlos para poder ir por lo que necesitamos para ser felices.

Las ideas desarrolladas en cada capítulo no son recetas sobre cómo resolver estos temas de tu vida, son claves para que comiences tu propio camino de reflexión. Ideas para movilizarte a pensarte a ti mismo, por ti mismo, y reflexionar sobre tu vida.

Hasta aquí mi compañía, de ahora en más piensas tú. Nunca renuncies a pensar tu propia existencia ni te rindas porque siempre se puede vivir mejor.

Pensamientos

Qué bello silencio el que surge cuando estamos buscando dentro de nosotros. Ese silencio de estar observándonos, pensándonos.

Busca la motivación dentro de ti mismo. Solo allí puedes encontrar las verdaderas razones para hacer aquello que realmente deseas.

No se trata de lo que nos sucede sino de cómo elegimos pararnos frente a ello, no se trata de lo que nos dicen sino de cómo elegimos que nos afecte.

Busca el bienestar y la felicidad en el perdón del pasado, la calma del presente, el optimismo y la esperanza hacia el futuro.

Somos responsables de lo que somos. Tenemos la posibilidad de transformar nuestra vida.

La pregunta es la herramienta para encontrar en nuestro interior las respuestas que necesitamos.

Cada uno de nosotros necesita comprometerse hasta el cuello, todo con la idea de ser fiel a sí mismo para vivir de acuerdo consigo mismo.

La vida es cambio. La vida fluye en movimiento, no se detiene. Nunca se sabe lo que el viento traerá.

Revisar los pasos dados, no para asegurarnos de no haber cometido errores, sino para recordar cuánto aprendimos de estos.

Hay momentos en los que te detienes y miras hacia atrás. Observas cómo llegaste hasta aquí. Respiras y agradeces. Continúas tu viaje.

No perder de vista los pasos que nos trajeron hasta aquí para valorar el esfuerzo con el que hemos llegado. Sentir gratitud por cada experiencia que dejó huella en nuestra historia y continuar adelante.

Cuando ves lo malo en todo y en todos, debes preguntarte por tu forma de ver.

Nadie tiene la receta de la felicidad. Quizás solo podamos encontrar algunos ingredientes fundamentales para inventar la nuestra.

Otros títulos de esta colección

Fe de erratas (Miguel Helo)

Mis días de resiliencia (Paty Silva)

Escritura emocional. Voces del alma (Ana Vásquez O.)

Viviendo la adolescencia con consciencia (Hadassah Kadisha)

María (Colomba Barrera)

Vivir para aprender (María B. Alvez Maeso)